Dr. Oetker alles selbst gemacht

Liköre

und eingelegte Früchte

Dr. Oetker alles selbst gemacht

Liköre
und eingelegte Früchte

Dr. Oetker Verlag

Von Herzen

Vorwort

Beliebt waren sie schon immer – Liköre und eingelegte Früchte,
selbst gemacht werden sie eher selten.

Dabei ist es gar nicht schwierig, Klassiker wie Eierlikör und Rumtopf oder Trendliköre wie Latte-Macchiato- und Rote-Grütze-Likör selbst zuzubereiten.

Verwöhnen Sie sich mit selbst gemachtem Schokoladen-, Limetten- oder Himbeerlikör, Ginfrüchten und eingelegten Orangen oder verschenken Sie Sangria- oder Mohnlikör an Freunde und Bekannte.
In hübsche Flaschen gefüllt und kreativ dekoriert sind diese persönlichen Geschenke immer etwas Besonderes.

Die Rezepte wurden von Dr. Oetker ausprobiert und sind so beschrieben, dass sie leicht nachzuarbeiten sind.

Abkürzungen

EL	=	Esslöffel
TL	=	Teelöffel
Msp.	=	Messerspitze
Pck.	=	Packung/Päckchen
g	=	Gramm
kg	=	Kilogramm
ml	=	Milliliter
l	=	Liter
Min.	=	Minuten
Std.	=	Stunden
evtl.	=	eventuell
geh.	=	gehäuft
gestr.	=	gestrichen
Ø	=	Durchmesser
Vol.-%	=	Volumenprozent (Alkoholgehalt)

Hinweise zu den Rezepten

Lesen Sie bitte vor der Zubereitung das Rezept einmal vollständig durch. Oft werden Arbeitsabläufe oder -zusammenhänge dann klarer.
Wichtig ist bei der Verarbeitung von Früchten, dass Sie reife, einwandfreie Früchte verwenden. Der Alkohol sollte einen Alkoholgehalt von mindestens 38 Vol.-% haben, weil die Früchte sonst verderben könnten.

Zubereitungszeiten

Die Zubereitungszeit beinhaltet nur die Zeit für die eigentliche Zubereitung, Durchziehzeiten sind gesondert ausgewiesen. Längere Wartezeiten, wie z. B. Kühlzeiten sind nicht einbezogen.

Rote-Grütze-Likör

etwa 1,5 l – auch im Vorwortfoto

Zubereitungszeit: 60 Minuten
Durchziehzeit: 6–8 Wochen
Haltbarkeit: gekühlt etwa 6 Monate

Zutaten:

500 g	Sauerkirschen
300 g	Erdbeeren
150 g	schwarze Johannisbeeren
150 g	rote Johannisbeeren
250 g	Grümmel-Kandis
1 l	Doppelkorn (38 Vol.-%)
1	Zimtstange
	Saft von 1 Zitrone

1. Kirschen, Erdbeeren und Johannisbeeren waschen, gut abtropfen lassen und entstielen. Kirschen entsteinen. Früchte in ein gründlich gereinigtes, gespültes hohes Glas (2 l) füllen.
2. Grümmel-Kandis auf die Früchte geben und den Korn in das Glas gießen. Die Früchte müssen vollständig mit dem Alkohol bedeckt sein. Zimtstange und Zitronensaft hinzufügen und alles einmal gut durchrühren.
3. Das Glas mit einem Deckel fest verschließen und kalt gestellt 6–8 Wochen durchziehen lassen, in der ersten Woche 2–3-mal umrühren.
4. Rote-Grütze-Likör nach Belieben in kleinere Gläser oder Flaschen mit einem dickeren Flaschenhals umfüllen, diese fest verschließen und kalt stellen.

Tipp: Der Rote-Grütze-Likör kann mit oder ohne Früchte genossen werden.

Würziger Eierlikör

etwa 1,4 l – Foto

Zubereitungszeit: 30 Minuten
Haltbarkeit: gekühlt etwa 14 Tage

Zutaten:

15	Eigelb
300 g	feiner Zucker
2	Vanilleschoten
1 Msp.	gemahlener Zimt
1 Msp.	gemahlener Koriander
0,7 l	Weinbrand (40 Vol.-%)

1. Eigelb und Zucker dickcremig schlagen. Aus den Vanilleschoten das Mark herauskratzen, mit Zimt und Koriander unter die Eigelbmasse schlagen.
2. Weinbrand nach und nach unterschlagen. Die Masse kurze Zeit stehen lassen und nochmals durchschlagen.
3. Den Eierlikör in gründlich gereinigte und gespülte Flaschen füllen, verschließen und kalt stellen.

Tipp: Das Eiweiß von den 15 Eiern für Makronen- oder Baisergebäck (siehe Tipps Seite 24 und 54) verwenden. Nur ganz frische Eier verwenden, die nicht älter als 5 Tage sind (Legedatum beachten!).

Eierlikör

etwa 1 l

Zubereitungszeit: 30 Minuten
Haltbarkeit: gekühlt etwa 14 Tage

Zutaten:

6	Eigelb (Größe M)
160 g	gesiebter Puderzucker
1 Pck.	Dr. Oetker Vanillin-Zucker
170 ml	Kondensmilch (10 % Fett)
500 ml (1/2 l)	Doppelkorn (38 Vol.-%)

1. Eigelb mit Puderzucker und Vanillin-Zucker mit Handrührgerät mit Rührbesen etwa 5 Minuten schlagen, bis eine cremige Masse entstanden ist. Kondensmilch unterschlagen, anschließend Doppelkorn nach und nach unterrühren.
2. Eierlikör in gründlich gereinigte, gespülte Flaschen füllen, mit je einem Flaschenverschluss fest verschließen und kalt stellen. Likör vor dem Servieren kräftig durchschütteln.

Tipp: Nur ganz frische Eier verwenden, die nicht älter als 5 Tage sind (Legedatum beachten!).

Liebesapfellikör

etwa 1,4 l

Zubereitungszeit: 30 Minuten
Haltbarkeit: gekühlt etwa 14 Tage

Zutaten:

3	säuerliche Äpfel (etwa 400 g, z. B. Boskop)
	Saft von 1 Zitrone
80 g	gesiebter Puderzucker
200 ml	Grenadine-Sirup
500 ml (1/2 l)	Doppelkorn (38 Vol.-%)

1. Äpfel waschen, abtrocknen, schälen, vierteln, entkernen und in kleine Stücke schneiden. Apfelstücke mit Zitronensaft mischen, in einen Mixer füllen und pürieren. Puderzucker, Sirup und Doppelkorn hinzufügen und alles noch einmal kräftig durchmixen.
2. Liebesapfellikör in eine gründlich gereinigte, gespülte Flasche füllen und mit einem Flaschenverschluss fest verschließen. Likör sofort genießen oder im Kühlschrank aufbewahren. Vor dem Servieren Likör kräftig durchschütteln.

Tipp: Flaschen mit kleinen Deko-Girlanden umwickeln.

Roter Johannisbeerlikör

etwa 1,4 l – Vorwortfoto hinten links

Zubereitungszeit: 30 Minuten
Durchziehzeit: 4–6 Wochen
Haltbarkeit: gekühlt etwa 2 Monate

Zutaten:

300 g	rote Johannisbeeren
200 g	brauner Kandis
1 TL	Dr. Oetker Finesse Orangenfrucht
200 ml	Grenadine-Sirup
0,7 l	Weinbrand (38 Vol.-%)

1. Johannisbeeren waschen, gut abtropfen lassen und entstielen. Johannisbeeren zu gleichen Teilen in 2 gründlich gereinigte, gespülte Flaschen füllen.
2. Je die Hälfte der restlichen Zutaten hinzufügen. Die Flaschen fest verschließen und gründlich durchschütteln.
3. Die Flaschen kalt stellen und den Likör 4–6 Wochen durchziehen lassen. Die Flaschen in den ersten Tagen gut schütteln, bis sich der Kandis aufgelöst hat.

Tipp: Den Likör nach Belieben filtern oder mit den Früchten genießen.

selbst-
gemachter
Liebesapfel
Likör

Weinbrandquitten

3 Gläser zu je 1 l – Foto

Zubereitungszeit: 50 Minuten, ohne Abkühlzeit
Durchziehzeit: etwa 1 Woche
Haltbarkeit: gekühlt 4–6 Wochen

Zutaten:

2 kg	Quitten
	Für die Zuckerlösung:
500 g	Honig
500 g	Zucker
etwa 4 EL	Weißweinessig
700 ml	Wasser
125 ml (1/8 l)	Weinbrand (38 Vol.-%)

1. Quitten mit einem Küchentuch abreiben, damit der etwas pelzige Flaum verschwindet. Quitten schälen, halbieren, entkernen und in Scheiben schneiden.
2. Für die Zuckerlösung Honig mit Zucker, Weißweinessig und Wasser zum Kochen bringen, kurz aufkochen lassen (Zucker muss sich vollständig lösen), Quittenscheiben hinzufügen, zum Kochen bringen und bei schwacher Hitze 20–30 Minuten ziehen lassen.
3. Quitten mit einem Schaumlöffel herausnehmen, abtropfen lassen und in 3 gründlich gereinigte, gespülte, getrocknete Gläser (je 1 l) geben.
4. Die Flüssigkeit dicklich einkochen und anschließend erkalten lassen, dann mit Weinbrand verrühren und über die Quitten geben.
5. Die Gläser verschließen, kalt und dunkel aufbewahren.

Eingelegte Feigen

1 Glas zu 1 l

Zubereitungszeit: 30 Minuten, ohne Abkühlzeit
Durchziehzeit: etwa 4 Wochen
Haltbarkeit: gekühlt etwa 6 Wochen

Zutaten:

125 ml (1/8 l)	Wasser
225 g	Zucker
12	frische Feigen
20 g	frischer Ingwer
250 ml (1/4 l)	Wodka (40 Vol.-%)

1. Wasser mit Zucker in einem Topf verrühren, zum Kochen bringen, einmal kurz aufkochen und anschließend erkalten lassen.
2. Die Feigen vorsichtig unter kaltem Wasser abspülen, trockentupfen und in gereinigtes, gespültes und getrocknetes, verschließbares Glas (1 l) schichten.
3. Ingwer schälen, in dünne Scheiben schneiden und zu den Feigen ins Glas geben. Zuckerlösung und Wodka hinzugießen, vorsichtig umrühren und das Glas verschließen. Eingelegte Feigen kalt stellen und etwa 4 Wochen durchziehen lassen.

Tipp: Zum Servieren eine Feige in ein Glas geben und mit der Likörflüssigkeit auffüllen.

Brombeerlikör

etwa 700 ml – im Foto links

Zubereitungszeit: 30 Minuten, ohne Abkühlzeit
Durchziehzeit: 6–8 Wochen
Haltbarkeit: 4–6 Monate

Zutaten:

60 ml	Wasser
150 g	Zucker
200 g	Brombeeren
250 ml (1/4 l)	Wodka (40 Vol.-%)
1	Zimtstange

1. Wasser mit Zucker in einem Topf zum Kochen bringen und kurz aufkochen. Die Zuckerlösung erkalten lassen.
2. Brombeeren verlesen, waschen, gut abtropfen lassen und evtl. entstielen. Die Brombeeren in ein gründlich gereinigtes, gespültes Glas (0,7 l) füllen.
3. Zuckerlösung und Wodka zu den Brombeeren ins Glas gießen, die Zimtstange hinzufügen und umrühren. Das Glas mit einem Deckel fest verschließen und kalt gestellt 6–8 Wochen durchziehen lassen.
4. Nach der Durchziehzeit die Flüssigkeit in eine gründlich gereinigte, gespülte Flasche abfiltern und die Flasche gut verschließen.

Himbeerlikör

etwa 1 l – im Foto rechts, auch im Vorwortfoto

Zubereitungszeit: 30 Minuten
Durchziehzeit: 4 Wochen
Haltbarkeit: gekühlt 4–6 Monate

Zutaten:

500 g	Himbeeren
1	Limette
1	Vanilleschote
0,7 l	Doppelkorn (38 Vol.-%)
100 ml	Weingeist/Ethanol (hochprozentiger Alkohol aus der Apotheke, 90 Vol.-%)
200 g	Zucker

1. Himbeeren verlesen, vorsichtig unter fließendem kalten Wasser abspülen und gut abtropfen lassen. Limette so schälen, dass die weiße Haut mit entfernt wird, Limette in Scheiben schneiden.
2. Himbeeren und Limettenscheiben in ein gründlich gereinigtes, gespültes Glas (1,5 l) geben. Vanilleschote halbieren und das Vanillemark herauskratzen. Schote und Mark mit in das Glas legen.
3. Doppelkorn mit Weingeist verrühren, den Zucker darin unter Rühren auflösen. Die Himbeeren mit der Alkoholmischung begießen. Das Glas mit einem Deckel fest verschließen und kalt gestellt 4 Wochen durchziehen lassen.
4. Nach der Durchziehzeit die Flüssigkeit in 2 gründlich gereinigte, gespülte Flaschen abfiltern und die Flaschen gut verschließen.

Tipp: Die alkoholisierten Beeren schmecken sehr gut zu Vanilleeis und Pudding.

Aprikosen-Mandel-Verführung

1 Glas zu 3 l

Zubereitungszeit:	30 Minuten, ohne Abkühlzeit
Durchziehzeit:	6 Wochen
Haltbarkeit:	4–6 Monate

Zutaten:

250 g	Zucker
280 ml	Wasser
1,5 kg	Aprikosen
500 ml (1/2 l)	Rum (80 Vol.-%)
150 ml	Weingeist/Ethanol (hochprozentiger Alkohol aus der Apotheke, 90 Vol.-%)
400 g	weißer Kandis
15	süße abgezogene Mandeln
1	Zimtstange
5 Tropfen	Bittermandel-Aroma

1. Zucker mit Wasser in einem Topf verrühren und zum Kochen bringen, einmal kurz aufkochen und anschließend abkühlen lassen.
2. Aprikosen abspülen, abtropfen lassen und in eine Schüssel legen. Aprikosen mit kochendem Wasser übergießen und nach etwa 1 Minute mit kaltem Wasser abschrecken.
3. Aprikosen enthäuten, halbieren, entsteinen und je nach Größe vierteln. Aprikosenhälften oder -viertel in ein großes, gründlich gereinigtes, gespültes Glas (3 l) geben.
4. Rum, Weingeist und Zuckerlösung in das Glas gießen. Kandis, Mandeln, Zimtstange und Aroma hinzufügen und alles einmal gründlich durchrühren. Das Glas mit einem Deckel fest verschließen, dunkel und kalt gestellt, etwa 6 Wochen durchziehen lassen. In den ersten Tagen das Glas vorsichtig schütteln, damit sich die Zutaten gut miteinander vermischen.

Tipp: Die beschwipsten Aprikosen in kleine Stücke schneiden und mit dem Likör servieren oder evtl. mit trockenem Sekt aufgießen.

aprikosen
Mandel
verführung

Pina-Colada-Likör

etwa 1,4 l – Foto

Zubereitungszeit: 40 Minuten
Haltbarkeit: gekühlt 1–2 Wochen

Zutaten:

1	Ananas (etwa 800 g gewogenes Fruchtfleisch)
400 ml	ungesüßte Kokosmilch
180 g	Rohrzucker
400 ml	weißer Rum (37,5 Vol.-%)

1. Von der Ananas Schopf mit Stielansatz und dem obersten Stück Schale abschneiden. Die Ananas der Länge nach vierteln und den inneren Strunk herausschneiden. Ananasviertel schälen und das Fruchtfleisch in kleine Würfel schneiden.
2. Die Ananaswürfel mit Kokosmilch, Rohrzucker und Rum in einen Mixer geben und so lange mixen, bis eine cremige Masse entstanden ist oder die Ananaswürfel fein pürieren und mit den restlichen Zutaten mit Handrührgerät mit Rührbesen verrühren, bis der Zucker gelöst ist.
3. Pina-Colada-Likör in gründlich gereinigte, gespülte Flaschen füllen und mit einem Flaschenverschluss fest verschießen. Likör sofort genießen oder im Kühlschrank aufbewahren.

Tipp: Kokosmilch können Sie auch selbst herstellen: Kochen Sie dafür 100 g Kokosraspel mit 400 ml Milch unter ständigem Rühren auf. Lassen Sie die Kokosmilch erkalten und gießen sie dann durch ein Sieb ab.

Amarettini-Kirsch-Likör

etwa 1,4 l

Zubereitungszeit: 30 Minuten
Haltbarkeit: gekühlt etwa 14 Tage

Zutaten:

1 Glas	Amarena-Kirschen (250 ml Inhalt)
100 g	Amarettini (ital. Mandelgebäck)
250 ml (1/4 l)	Kirschsaft
250 g	Kirschjoghurt (3,5 Fett %)
250 ml (1/4 l)	Schlagsahne
100 ml	Kirschwasser (42 Vol.-%)
400 ml	Doppelkorn (38 Vol.-%)

1. Kirschen mit Saft in einen Mixer geben. Amarettini und Kirschsaft hinzufügen und etwa 1 Minute mixen, anschließend 10 Minuten ruhen lassen.
2. Kirschjoghurt, Sahne, Kirschwasser und Doppelkorn hinzufügen und nochmals alles 1 Minute mixen.
3. Amarettini-Kirsch-Likör in zwei gründlich gereinigte, gespülte, getrocknete Flaschen füllen, mit je einem Flaschenverschluss fest verschließen und kalt stellen. Likör vor dem Servieren einmal kräftig durchschütteln.

Kräuterlikör

etwa 1 l

Zubereitungszeit:	20 Minuten, ohne Abkühlzeit
Durchziehzeit:	2 Wochen
Haltbarkeit:	gekühlt etwa 4 Wochen

Zutaten:

125 ml (1/8 l)	Wasser
225 g	Zucker
1	Rosmarinstängel
1	Salbeistängel
1	Basilikumstängel
1	Thymianstängel
1	Pfefferminzstängel
1	Zitronenmelissestängel
5	Lorbeerblätter
700 ml	Southern Comfort (40 Vol.-%)

1. Wasser mit Zucker in einem Topf zum Kochen bringen und kurz aufkochen. Die Zuckerlösung erkalten lassen.
2. Kräuter abspülen, trockentupfen und in eine gründlich gereinigte, gespülte Flasche (1 l) geben.
3. Zuckerlösung mit Southern Comfort verrühren und in die mit den Kräutern gefüllte Flasche füllen. Die Flasche mit einem Flaschenverschluss fest verschließen und kalt gestellt 2 Wochen durchziehen lassen, dabei die Flasche gelegentlich durchschütteln.
4. Nach der Durchziehzeit die Flüssigkeit nach Belieben in eine gründlich gereinigte, gespülte Flasche abfiltern und die Flasche fest verschließen.

Tipp: Statt mit Southern Comfort probieren Sie diesen Likör einmal mit Wacholder.

Ginfrüchte

1 Glas zu 2 l

Zubereitungszeit: 25 Minuten
Durchziehzeit: 1 Woche
Haltbarkeit: 3–4 Wochen

Zutaten:

1	Honigmelone (etwa 1 kg)
4	Kiwis
4	Nektarinen
375 g	weißer Kandis
4	Pimentkörner
2	Zimtstangen
0,7 l	Gin (37,5 Vol.-%)

1. Die Honigmelone halbieren, entkernen, vierteln, schälen und das Melonenfleisch in Streifen schneiden. Die Fruchtstreifen in ein gründlich gereinigtes, gespültes, gut abgetropftes großes, verschließbares Glas (2 l) oder mehrere kleine Gläser geben.
2. Die Kiwis schälen und in Scheiben schneiden. Die Nektarinen waschen, abtrocknen, halbieren und entsteinen. Fruchtfleisch in Scheiben schneiden. Das Obst abwechselnd mit dem Kandiszucker in das große Glas oder die kleinen Gläser schichten.
3. Die Pimentkörner und Zimtstangen hinzufügen, mit dem Gin auffüllen. Glas oder Gläser verschließen, kalt stellen und die Ginfrüchte etwa 1 Woche durchziehen lassen.

GLÜCK

Latte-Macchiato-Likör

etwa 1,4 l

Zubereitungszeit: 30 Minuten
Haltbarkeit: gut gekühlt 14 Tage

Zutaten:

6	Eigelb (Größe M)
250 g	gesiebter Puderzucker
2 Pck.	Dr. Oetker Vanillin-Zucker
2 Dosen	Kondensmilch (10 % Fett, je 340 ml)
150 ml	Weingeist/Ethanol (hochprozentiger Alkohol aus der Apotheke, 90 Vol.-%)
150 ml	Whisky (40 Vol.-%)
180 ml	kalter, starker Espresso

1. Eigelb mit Puderzucker und Vanillin-Zucker mit Handrührgerät mit Rührbesen in 3 Minuten aufschlagen, nach und nach Kondensmilch unterrühren.
2. Weingeist und Whisky langsam unter Rühren hinzugießen. Zum Schluss Espresso unterrühren.
3. Latte-Macchiato-Likör in 2 gründlich gereinigte, gespülte Flaschen füllen und diese mit je einem Flaschenverschluss fest verschließen. Likör sofort genießen oder im Kühlschrank aufbewahren.

Tipp: Für den Likör nur ganz frische Eier verwenden, die nicht älter als 5 Tage sind (Legedatum beachten!). Vor dem Servieren den Likör eimal gut durchschütteln.

Das übrig gebliebene Eiweiß können Sie zu Baisers verarbeiten. Heizen Sie dazu Ihren Backofen bei Ober-/Unterhitze auf 120 °C vor. Schlagen Sie das Eiweiß, so steif, dass ein Messerschnitt sichtbar bleibt. Schlagen Sie nach und nach 300 g Zucker kurz unter. Setzen Sie die Eiweißmasse mit 2 Teelöffeln auf ein Backblech (mit Backpapier belegt) und schieben Sie das Backblech auf mittlerer Stufe für etwa 70 Minuten in den Backofen.

Würziger Johannisbeerlikör

etwa 1,4 l

Zubereitungszeit: 20 Minuten
Durchziehzeit: 6–8 Wochen
Haltbarkeit: gekühlt etwa 3 Monate

Zutaten:

200 g	schwarze Johannisbeeren
1	Pfefferminzstängel
3	Wacholderbeeren
200 g	weißer Kandis
1 gestr. TL	Fenchelsamen
1 gestr. TL	Anissamen
1 kleines	Lorbeerblatt
0,7 l	Weizendoppelkorn (38 Vol.-%)

1. Johannisbeeren verlesen, waschen, abtropfen lassen und entstielen. Johannisbeeren in eine gründlich gereinigte und gespülte, weithalsige Flasche oder ein verschließbares Glas geben.
2. Pfefferminze abspülen und trockentupfen. Wacholderbeeren zerdrücken. Pfefferminze mit Wacholderbeeren, Kandis, Fenchelsamen, Anissamen und Lorbeerblatt zu den Johannisbeeren geben und mit Korn auffüllen.
3. Die Flasche oder das Glas verschließen und 6–8 Wochen durchziehen lassen. Anschließend den Likör durch ein Sieb gießen und in eine gründlich gereinigte und gespülte Flasche oder Karaffe füllen. Flasche oder Karaffe verschließen und kalt stellen.

Johannisbeer-
likör

Kirsch-Creme-Likör

etwa 1,4 l – im Foto links

Zubereitungszeit: 20 Minuten
Haltbarkeit: gekühlt etwa 14 Tage

Zutaten:

350 ml	Kirschsirup
750 g	Kirschjoghurt (3,5 % Fett)
120 g	Zucker
1 Pck.	Dr. Oetker Vanillin-Zucker
40 ml	Kirschwasser (42 Vol.-%)
350 ml	Doppelkorn (38 Vol.-%)

1. Kirschsirup mit Kirschjoghurt, Zucker und Vanillin-Zucker in einem Mixer mixen oder mit Handrührgerät mit Rührbesen auf höchster Stufe etwa 1 Minute durchrühren.
2. Kirschwasser und Doppelkorn hinzugeben, nochmals gut durchmixen oder durchrühren.
3. Kirsch-Creme-Likör in 2 gründlich gereinigte, gespülte Flaschen (0,7 l) füllen, mit je einem Flaschenverschluss fest verschließen und kalt stellen.

Tipp: Bereiten Sie diesen Likör mit 500 g frischen Süßkirschen zu. Waschen, entsteinen und pürieren Sie die Kirschen. Geben Sie unter Punkt 1 die Kirschen mit in den Mixer und lassen Sie dafür den Zucker weg.

Erdbeer-Joghurt-Likör

etwa 1,4 l – im Foto rechts

Zubereitungszeit: 30 Minuten
Haltbarkeit: gekühlt etwa 14 Tage

Zutaten:

500 g	Erdbeeren
200 ml	Erdbeersirup
500 g	Erdbeerjoghurt (3,5 % Fett)
1 Pck.	Dr. Oetker Vanillin-Zucker
400 ml	Doppelkorn (38 Vol.-%)

1. Erdbeeren waschen, abtropfen lassen, entstielen und vierteln. Erdbeerviertel mit Sirup, Joghurt und Vanillin-Zucker in einem Mixer mixen oder mit Handrührgerät mit Rührbesen auf höchster Stufe etwa 1 Minute durchrühren.
2. Doppelkorn hinzugießen und nochmals gut durchmixen oder durchrühren. Likör in 2 gründlich gereinigte, gespülte Flaschen (0,7 l) füllen, mit je einem Flaschenverschluss fest verschließen und kalt stellen.

Tipp: Likör vor dem Servieren kräftig durchschütteln.

VON HERZEN

Pfefferminzlikör

etwa 1,5 l

Zubereitungszeit:	20 Minuten
Durchziehzeit:	5–7 Tage
Haltbarkeit:	gekühlt 2–3 Monate

Zutaten:

250 ml (1/4 l)	Wasser
375 g	Zucker
10 Tropfen	natürliches Pfefferminzöl (aus der Apotheke)
1 Tropfen	grüne Lebensmittelfarbe
1 l	Wodka (40 Vol.-%)
250 ml (1/4 l)	abgekochtes, erkaltetes Wasser

1. Wasser mit Zucker zum Kochen bringen und sirupartig einkochen lassen. Pfefferminzöl und Lebensmittelfarbe unterrühren. Wodka mit Wasser hinzugießen und unterrühren.
2. Pfefferminzlikör in gründlich gereinigte und gespülte Flaschen füllen. Flaschen verschließen, 5–7 Tage durchziehen lassen und kalt stellen.

Tipp: Den Likör mit frischen Pferfferminzblättchen am Glasrand servieren.

Heller Pfefferminzlikör

etwa 1,25 l – im Titelfoto hinten

Zubereitungszeit:	20 Minuten an 2 Tagen
Durchziehzeit:	1 Woche
Haltbarkeit:	gekühlt etwa 4 Wochen

Zutaten:

100 g	Zucker
150 ml	Wasser
75 g	Pfefferminzbonbons
6	frische Pfefferminzstängel
1 l	Weizenkorn (38 Vol.-%)

1. Zucker mit Wasser zum Kochen bringen und etwa 1 Minute kochen, etwas abkühlen lassen. Zuckerlösung mit den Pfefferminzbonbons in eine gründlich gereinigte und gespülte Flasche geben und 1 Tag stehen lassen (bis sich die Pfefferminzbonbons aufgelöst haben).
2. Pfefferminze abspülen, trockentupfen und mit dem Weizenkorn in die Flasche geben. Flasche verschließen und vorsichtig durchschütteln. Pfefferminzlikör kalt gestellt 1 Woche durchziehen lassen.

Schokoladenlikör

etwa 1,4 l – Foto

Zubereitungszeit: 30 Minuten, ohne Abkühlzeit
Haltbarkeit: gekühlt etwa 7 Tage

Zutaten:

150 g	Halbbitter-Kuvertüre
250 ml (1/4 l)	Schlagsahne
500 g	Naturjoghurt (3,5 % Fett)
120 g	gesiebter Puderzucker
1 TL	Dr. Oetker Finesse Geriebene Orangenfrucht
1 Pck.	Dr. Oetker Vanillin-Zucker
300 ml	Weinbrand (36 Vol.-%)
75 ml	Weingeist/Ethanol (hochprozentiger Alkohol aus der Apotheke 90 Vol.-%)

1. Kuvertüre in kleine Stücke hacken und in einem kleinen Topf im Wasserbad bei schwacher Hitze zu einer geschmeidigen Masse verrühren. Masse mit Sahne verrühren und etwas abkühlen lassen.
2. Schokosahne mit Joghurt, Puderzucker, Orangenfrucht und Vanillin-Zucker in einem Mixer oder mit einem Handrührgerät mit Rührbesen gut durchmixen bzw. durchrühren.
3. Weinbrand und Weingeist hinzufügen und nochmals gut durchmixen bzw. durchrühren. Schokoladenlikör in 2 gründlich gereinigte, gespülte Flaschen (0,7 l) füllen mit je einem Flaschenverschluss fest verschließen und kalt stellen.

Sahniger Whiskylikör

etwa 1,4 l

Zubereitungszeit: 40 Minuten
Haltbarkeit: gekühlt etwa 6 Tage

Zutaten:

1	Vanilleschote
120 g	gehackte Mandeln
600 ml	Schlagsahne
4	Eigelb
150 g	Zucker
0,7 l	Whisky (40 Vol.-%)

1. Die Vanilleschote längs halbieren, das Mark herauskratzen und in einem Schälchen beiseite stellen. Vanilleschote mit Sahne und Mandeln in einem Topf unter Rühren einmal kurz aufkochen lassen, dann etwas abkühlen lassen.
2. Beiseite gestelltes Vanillemark mit Eigelb und Zucker zu einer schaumigen Masse aufschlagen. Die warme Mandelsahne nach und nach unter die Eiermasse rühren. Whisky ebenfalls nach und nach unterrühren.
3. Den Likör durch ein feines Sieb filtern, erkalten lassen und in zwei gründlich gereinigte, gespülte Flaschen füllen. Mit je einem Flaschenverschluss fest verschließen, kalt stellen. Likör vor dem Servieren kräftig durchschütteln.

Tipp: Nur ganz frische Eier verwenden, die nicht älter als 5 Tage sind (Legedatum beachten!).

mit viel Liebe hergestellt

Sauerkirschen in Rum

1 Glas zu 1,25 l

Zubereitungszeit: 35 Minuten, ohne Saftziehzeit
Durchziehzeit: etwa 2 Wochen
Haltbarkeit: 2–3 Monate

Zutaten:

1 kg	Sauerkirschen
500 g	Zucker
1	Vanilleschote
etwa 350 ml	Rum (54 Vol.-%)

1. Kirschen waschen, gut abtropfen lassen, entstielen und entsteinen. Die Kirschen in ein gründlich gereinigtes, gespültes verschließbares Glas (1,25 l) geben und mit dem Zucker vermischen. Das Glas verschließen und die Kirschen etwa 1 Stunde Saft ziehen lassen.
2. Vanilleschote längs einritzen, in 3–4 Stücke schneiden und mit dem Rum in das Glas geben. Die Kirschen müssen vollständig mit Rum bedeckt sein. Zutaten gut durchrühren. Das Glas fest verschließen und die Kirschen etwa 2 Wochen durchziehen lassen.

Tipp: Zum Verschenken nach der Durchziehzeit in kleinere dekorative Gläser umfüllen.

Eingelegte Orangen

1 Glas zu 2 l – im Vorwortfoto hinten rechts

Zubereitungszeit: 40 Minuten
Durchziehzeit: 2 Wochen
Haltbarkeit: gekühlt etwa 2 Wochen

Zutaten:

1,5 kg	Orangen
0,7 l	trockener Weißwein
150 ml	Weingeist/Ethanol (hochprozentiger Alkohol aus der Apotheke, 90 Vol.-%)
200 g	Zucker
8	Nelken
1	Zimtstange
1	Bio-Zitrone (unbehandelt, ungewachst)

1. Orangen mit einem Messer so schälen, dass die weiße Haut mit entfernt wird. Geschälte Orangen in ein gründlich gereinigtes, gespültes, verschließbares Glas (2 l) geben. Weißwein und Weingeist hinzugießen. Zucker, Nelken und Zimt unterrühren.
2. Die Zitrone heiß abwaschen und abtrocknen. Zitrone dünn schälen. Zitrone halbieren und auspressen. Zitronenschale und -saft in das Glas geben und unterrühren. Glas fest verschließen und kalt stellen. Eingelegte Orangen etwa 2 Wochen durchziehen lassen, die ersten Tage gelegentlich umrühren, bis der Zucker vollständig gelöst ist.

Tipp: Orangen nach Belieben filetieren oder in Stücke schneiden und mit dem gefilterten Orangenlikör servieren. Lecker schmecken die Orangenfilets bzw. -stücke auch zu Vanilleeis oder -pudding.

MADE IN ITALY
mit Rum
mit Rum !

Feuerzauber

etwa 1 l

Zubereitungszeit: 20 Minuten
Haltbarkeit: gekühlt etwa 14 Tage

Zutaten:

1 Dose	pürierte Tomaten (400 g)
300 ml	Orangensaft
	Zitronensaft von 2 Zitronen
80 g	Zucker
2 TL	Tabasco
200 ml	Wodka (40 Vol.-%)
	frisch gemahlener Pfeffer

1. Tomaten mit Orangen-, Zitronensaft, Zucker, Tabasco und Wodka in einem Mixer mixen bzw. mit Handrührgerät mit Rührbesen auf höchster Stufe durchrühren, so dass eine cremige Masse entsteht.
2. Feuerzauber mit Pfeffer abschmecken und in eine gründlich gereinigte, gespülte Flasche füllen. Die Flasche mit einem Flaschenverschluss fest verschließen und kalt stellen.

Tipp: Die Flasche mit einem Window-Color-Stift beschriften.

Limetten-Eierlikör

etwa 1,4 l

Zubereitungszeit: 30 Minuten
Haltbarkeit: gekühlt etwa 14 Tage

Zutaten:

6	Eigelb (Größe M)
250 g	gesiebter Puderzucker
500 g	Naturjoghurt (3,5 % Fett)
1 Pck.	Dr. Oetker Vanillin-Zucker
4	Bio-Limetten (unbehandelt, ungewachst)
400 ml	Doppelkorn (38 Vol.-%)

1. Eigelb mit Puderzucker und Vanillin-Zucker mit Handrührgerät mit Rührbesen etwa 5 Minuten schlagen, bis eine cremige Masse entstanden ist. Joghurt unterschlagen.
2. Limetten heiß abwaschen, abtrocknen und die Schale fein abreiben. Limetten halbieren und auspressen.
3. Limettenschale und -saft unter die Joghurt-Masse schlagen. Doppelkorn unterrühren.
4. Limetteneierlikör in zwei gründlich gereinigte, gespülte Flaschen füllen, mit je einem Flaschenverschluss fest verschließen und kalt stellen. Likör vor dem Servieren kräftig durchschütteln.

Tipp: Nur ganz frische Eier verwenden, die nicht älter als 5 Tage sind (Legedatum beachten!).

Feuer
Zauber

Rumtopf

1 Rumtopf zu 7 l

Zubereitungszeit: 1,5 Stunden verteilt auf 5 Tage in 5 Monaten
Durchziehzeit: nach dem letzten Befüllen 2–3 Monate
Haltbarkeit: kalt, dunkel und gut verschlossen etwa 12 Monate

Zutaten:

	Im Juni:
600 g	Erdbeeren
300 ml	Rum (54 Vol.-%)
200 g	Zucker
	Im Juli:
600 g	Süßkirschen
600 g	Aprikosen
600 g	Pfirsiche
300 ml	Rum (54 Vol.-%)
200 g	Zucker
	Im August:
600 g	Sauerkirschen
600 g	Mirabellen
600 g	Pflaumen
300 ml	Rum (54 Vol.-%)
200 g	Zucker
	Im September:
600 g	Birnen
200 ml	Wasser
75 g	Zucker
300 ml	Rum (54 Vol.-%)
200 g	Zucker

1. Im Juni die Erdbeeren waschen, gut abtropfen lassen und entstielen. Große Früchte halbieren oder vierteln und in einen gründlich gereinigten, mit heißem Wasser nachgespülten, ausgetrockneten Rumtopf (7 l-Inhalt) geben.
2. Rum mit Zucker vermischen und über die Früchte geben. Rumtopf abdecken und kalt stellen.
3. Im Juli die Süßkirschen waschen, abtropfen lassen, entstielen und entsteinen. Die Aprikosen und Pfirsiche waschen, mit kochendem Wasser übergießen und anschließend mit kaltem Wasser abschrecken. Aprikosen und Pfirsiche enthäuten, halbieren, entsteinen, in Stücke schneiden und erkalten lassen.
4. Die Früchte in den Rumtopf geben, den Rum mit Zucker vermischen und über die Früchte geben. Rumtopf abdecken und kalt stellen.
5. Im August die Sauerkirschen waschen, entstielen und entsteinen. Die Mirabellen waschen und abtropfen lassen. Kleine Früchte ganz lassen, große halbieren und entsteinen. Die Pflaumen waschen, abtropfen lassen, entstielen, halbieren, entsteinen und in Spalten schneiden.
6. Die Früchte in den Rumtopf geben, den Rum mit Zucker vermischen und über die Früchte geben. Rumtopf abdecken und kalt stellen.
7. Im September die Birnen schälen, achteln und entkernen. Wasser mit Zucker zum Kochen bringen und die Birnenstücke darin 2–3 Minuten dünsten, abtropfen und erkalten lassen.
8. Die Früchte in den Rumtopf geben, den Rum mit Zucker vermischen und über die Früchte geben. Rumtopf abdecken und kalt stellen.
9. Im Oktober die Weintrauben waschen, abtropfen lassen. entstielen, halbieren und entkernen. Von der Ananas Schopf mit Stielansatz und dem obersten Stück Schale abschneiden. Die Ananas der Länge nach vierteln und den inneren Strunk herausschneiden. Ananasviertel schälen und das Fruchtfleisch in kleine Würfel schneiden.
10. Die Früchte in den Rumtopf geben. Rum mit Zucker vermischen und über die Früchte geben. Rumtopf abdecken und kalt stellen.

(Fortsetzung Seite 40)

	Im Oktober:
600 g	grüne und blaue Weintrauben
600 g	Ananasfruchtfleisch
300 ml	Rum (54 Vol.-%)
200 g	Zucker

Tipps: Der Flüssigkeitsspiegel muss immer 1 cm hoch über den Früchten stehen (sie am besten mit einem Glasteller beschweren). Den Rumtopf gut verschließen, kalt und dunkel aufbewahren, bei jeder Fruchtzugabe vorsichtig durchrühren. Nur frische, tadellose Früchte für einen Rumtopf verwenden!

Verpackungstipp: Zwei Bowlegläser mit einigen bunten Bändern um den Rumtopf wickeln oder eine Schöpfkelle an den Rumtopf binden.

Limettenlikör

etwa 1 l – auch im Vorwortfoto

Zubereitungszeit: 30 Minuten, ohne Abkühlzeit
Durchziehzeit: 4 Wochen
Haltbarkeit: gekühlt 4–6 Wochen

Zutaten:

150 ml	Wasser
250 g	Rohrzucker
4	Bio-Limetten (unbehandelt, ungewachst)
1	Zimtstange
550 ml	Rum (54 Vol.-%)

1. Wasser mit Rohrzucker in einem Topf zum Kochen bringen und kurz aufkochen lassen. Zuckerlösung erkalten lassen.
2. Limetten heiß abwaschen, abtrocknen und 2 Limetten dünn schälen. Limetten halbieren und auspressen.
3. Limettenschale mit Limettensaft, Zimtstange, Zuckerlösung und Rum in eine gründlich gereinigte, gespülte Flasche geben. Die Flasche mit einem Flaschenverschluss fest verschließen und einmal kräftig durchschütteln. Den Likör an einem kühlen Ort etwa 4 Wochen durchziehen lassen.
4. Nach der Durchziehzeit den Likör in kleine gründlich gereinigte, gespülte Flaschen abfiltern und die Flaschen gut verschließen.

Von
Herzen

Heidelbeerlikör

etwa 1,25 l

Zubereitungszeit: 20 Minuten
Durchziehzeit: etwa 6 Wochen
Haltbarkeit: gekühlt etwa 2 Monate

Zutaten:

200–300 g	Heidelbeeren
175 g	brauner Kandis
1	zerkleinerte Zimtstange
3	Nelken
700 ml	Weizenkorn (38 Vol.-%)

1. Die Heidelbeeren verlesen, vorsichtig abspülen und gut abtropfen lassen.
2. Zu gleichen Teilen die Heidelbeeren mit Kandis, Zimt und Nelken in 2 gründlich gereinigte, gespülte und gut abgetropfte Flaschen geben und mit dem Weizenkorn auffüllen.
3. Die Flaschen verschließen, vorsichtig schütteln und kalt stellen. Den Heidelbeerlikör etwa 6 Wochen durchziehen lassen. Bis sich der Kandis aufgelöst hat, die Flaschen gelegentlich vorsichtig schütteln.
4. Den Likör nach Belieben durch ein feines Sieb gießen, wieder in die gut gesäuberten großen Flaschen oder in kleine Flaschen umfüllen, fest verschließen und kalt stellen.

Weißer Rumtopf

1 Glas zu 3 l – im Vorwortfoto rechts

Zubereitungszeit: 2 Stunden
Durchziehzeit: etwa 4 Wochen
Haltbarkeit: gekühlt 4 Wochen

Zutaten:

300 g	Erdbeeren
3	Pfirsiche
1	Bio-Limette (unbehandelt, ungewachst)
1	Ananas
300 g	Zucker
1 l	weißer Rum (37,5 Vol.-%)
150 ml	Weingeist/Ethanol (hochprozentiger Alkohol aus der Apotheke, 90 Vol.-%)
1	getrocknete Chilischote

1. Erdbeeren waschen, gut abtropfen lassen, und entstielen. Pfirsiche waschen, mit kochendem Wasser übergießen, mit kaltem Wasser abschrecken und die Haut abziehen. Pfirsiche vierteln, entsteinen und das Fruchtfleisch in gleichgroße Stücke schneiden.
2. Limette heiß waschen, abtrocknen, halbieren und in Stücke schneiden. Von der Ananas Schopf mit Stielansatz und dem obersten Stück Schale abschneiden. Die Frucht der Länge nach halbieren und vierteln. Von jedem Viertel den inneren Strunk entfernen, die Frucht mit einem Messer schälen. Fruchtfleisch in Stücke schneiden.
3. Früchte und Fruchtstücke in einen Rumtopf oder ein großes verschließbares Glas (3 l-Inhalt) geben. Zucker, Rum und Weingeist hinzugeben und alles gut durchrühren. Chilischote unterrühren. Die Früchte müssen vollständig mit Alkohol bedeckt sein. Rumtopf bzw. Glas verschließen.
4. Den weißen Rumtopf kalt stellen, gelegentlich umrühren und etwa 4 Wochen durchziehen lassen.

Pflaumen-Krokant-Likör

etwa 1,4 l

Zubereitungszeit: 40 Minuten, ohne Abkühlzeit
Haltbarkeit: gekühlt etwa 14 Tage

Zutaten:

250 g	Zucker
250 ml (1/4 l)	Wasser
700 g	Pflaumen
1/4 gestr. TL	gemahlener Zimt
100 ml	Rum (54 Vol.-%)
300 ml	Doppelkorn (38 Vol.-%)

1. Zucker in einem Topf mit 50 ml von dem Wasser verrühren, bei mittlerer Hitze zu einer goldgelben Masse einkochen lassen (dabei nicht umrühren, da der Zucker sonst Kristalle bildet, evtl. den Topf leicht schwenken). Topf von der Kochstelle nehmen und etwa 10 Minuten abkühlen lassen. Restliches Wasser hinzufügen und die Masse bei mittlerer Hitze unter Rühren auflösen. Krokantlösung erkalten lassen.
2. Pflaumen waschen, abtropfen lassen, entstielen, halbieren und entsteinen. Pflaumen in kleine Stücke schneiden und fein pürieren.
3. Pflaumenpüree mit Zimt, Krokantlösung, Rum und Doppelkorn in 2 Portionen in einem Mixer oder mit Handrührgerät mit Rührbesen auf höchster Stufe je etwa 3 Minuten mixen bzw. durchrühren.
4. Likör in 2 gründlich gereinigte, gespülte Flaschen (0,7 l) füllen, mit je einem Flaschenverschluss fest verschließen und kalt stellen.

Himbeeren in Weinbrand

1 Glas zu 1,5 l

Zubereitungszeit: 30 Minuten, ohne Abkühlzeit
Durchziehzeit: 4–6 Wochen
Haltbarkeit: etwa 2 Monate

Zutaten:

250 ml (1/4 l)	Wasser
500 g	Zucker
500 g	Himbeeren
0,7 l	Weinbrand (40 Vol.-%)

1. Wasser mit Zucker verrühren und zum Kochen bringen, kurz aufkochen und anschließend erkalten lassen.
2. Die Himbeeren verlesen, abspülen, gut abtropfen lassen und in ein gründlich gereinigtes, gespültes und getrocknetes großes Glas (1,5 l) geben. Zuerst die Zuckerlösung, dann den Weinbrand hinzugießen und vollständig erkalten lassen. Das Glas gut verschließen und die Himbeeren 4–6 Wochen durchziehen lassen.

Tipp: Nach Belieben 1/2 Vanilleschote einritzen, das Mark herausschaben, mit der Schote ins Wasser geben und mit dem Zucker aufkochen.

Schwarze Walnüsse

1 Glas zu 2 l

Zubereitungszeit:	3 Stunden (an verschiedenen Tagen)
Durchziehzeit:	2 Monate
Haltbarkeit:	6 Monate

Zutaten:

700 g	grüne Walnüsse
200 ml	Wasser
600 g	Zucker
0,7 l	Weinbrand (36 Vol.-%)

1. Die Walnüsse mit kaltem Wasser begießen und die Nüsse unter Wasser mit einer Nadel mehrmals einstechen (um keine schwarzen Finger zu bekommen, Gummihandschuhe tragen).
2. Die Walnüsse bleiben 10 Tage im Wasser liegen, dabei wird 2-mal täglich das Wasser gewechselt.
3. Am 11. Tag die Walnüsse abgießen und anschließend mit kochendem Wasser übergießen. Nüsse abtropfen lassen.
4. Wasser mit Zucker in einem großen Topf zum Kochen bringen und die Walnüsse darin etwa 50 Minuten kochen, gelegentlich umrühren. Nüsse in der Zuckerlösung etwas abkühlen lassen und dann in ein gründlich gereinigtes, gespültes Glas (2 l) füllen und erkalten lassen. Glas fest verschließen und kalt gestellt 4 Tage stehen lassen.
5. Walnüsse abgießen, dabei die Zuckerlösung auffangen. Zuckerlösung in einen Topf geben, zum Kochen bringen und etwa 5 Minuten kochen lassen.
6. Die heiße Zuckerlösung über die Walnüsse geben und erkalten lassen. Weinbrand unter Rühren hinzugießen. Das Glas wieder fest verschließen und die Walnüsse kalt gestellt 2 Monate durchziehen lassen.

Tipp: Grüne Walnüsse werden Ende Juni bis Juli geerntet. Die innere Schale der Walnüsse muss noch weich sein.
Schwarze Nüsse schmecken pur, passen gut als Beilage zu Wildgerichten, aber auch mit Vanillepudding als Dessert. Oder belegen Sie mit Frischkäse bestrichene Kräcker mit in Scheiben geschnittenen schwarzen Walnüssen.

Erdbeerlimes

etwa 1 l

Zubereitungszeit: 40 Minuten
Haltbarkeit: gekühlt etwa 2 Wochen

Zutaten:

700 g	Erdbeeren
150 ml	Erdbeersirup
40 ml	Weinbrand (40 Vol.-%)
20 ml	Grand Marnier (40 Vol.-%)
	Saft von 1 Limette
120 ml	Weingeist/Ethanol (hochprozentiger Alkohol aus der Apotheke, 90 Vol.-%)
1 Pck.	Dr. Oetker Vanillin-Zucker

1. Erdbeeren waschen, abtropfen lassen, entstielen und vierteln. Erdbeerviertel mit Sirup, Weinbrand, Grand Marnier, Limettensaft, Weingeist und Vanillin-Zucker in einen Mixer geben (evtl. in 2 Portionen) und alles in etwa 2 Minuten zu einer cremigen Masse verarbeiten.
2. Erdbeerlimes in eine gründlich gereinigte, gespülte Flasche füllen und mit einem Flaschenverschluss fest verschließen. Erdbeerlimes sofort genießen oder im Kühlschrank aufbewahren. Erdbeerlimes vor dem Servieren einmal kräftig durchschütteln.

Tipp: Limes ist ein fruchtiger Likör mit einem geringen Alkoholgehalt.

Pfirsichlimes

etwa 1,4 l

Zubereitungszeit: 45 Minuten
Haltbarkeit: gekühlt etwa 2 Wochen

Zutaten:

900 g	reife Pfirsiche
1	Zitronenmelissestängel
200 g	Rohrzucker
40 ml	Rum (54 Vol.-%)
120 ml	Weingeist/Ethanol (hochprozentiger Alkohol aus der Apotheke, 90 Vol.-%)
	Saft von 1/2 Zitrone

1. Pfirsiche waschen, abtropfen lassen und in eine Schale oder Schüssel legen. Pfirsiche mit kochendem Wasser übergießen. Nach etwa 1 Minute mit kaltem Wasser abschrecken. Pfirsiche enthäuten, halbieren und die Steine herauslösen. Fruchtfleisch in kleine Würfel schneiden.
2. Zitronenmelisse abspülen, trockentupfen und die Blättchen von den Stängeln zupfen. Pfirsichwürfel mit Zitronenmelisseblättchen, Rohrzucker, Rum, Weingeist und Zitronensaft in 2 Portionen nacheinander im Mixer zerkleinern bzw. pürieren, bis eine cremige Masse entstanden ist.
3. Portionen miteinander verrühren, in 2 gründlich gereinigte, gespülte Flaschen füllen und diese mit je einem Flaschenverschluss fest verschließen. Pfirsichlimes sofort genießen oder im Kühlschrank aufbewahren. Pfirschlimes vor dem Servieren einmal kräftig durchschütteln.

Tipp: Limes mit trockenem Sekt aufgefüllt servieren.

Orangenlikör

etwa 1,4 l

Zubereitungszeit: 25 Minuten
Durchziehzeit: 1–2 Tage
Haltbarkeit: gekühlt 4–6 Wochen

Zutaten:

250 ml (1/4 l)	Wasser
250 ml (1/4 l)	trockener Weißwein
450 g	Zucker
1 kg	Bio-Orangen (unbehandelt, ungewachst)
0,7 l	Wodka (40 Vol.-%)
1/4 gestr. TL	gemahlener Koriander oder Kardamom

1. Wasser mit Wein und Zucker zum Kochen bringen und sirupartig einkochen lassen.
2. Orangen heiß waschen und abtrocknen. Orangenschale abreiben. Orangen halbieren und auspressen. Orangenschale und -saft in die Sirup-Flüssigkeit einrühren und kalt stellen.
3. Wodka unterrühren und den Likör mit Koriander oder Kardamom würzen. Orangenlikör 1–2 Tage durchziehen lassen.
4. Orangenlikör in gründlich gereinigte, gespülte Flaschen abfiltern (z. B. durch Filterpapier), die Flaschen fest verschließen und kalt stellen.

Beschwipste Früchte

1 Glas zu 1 l – Titelrezept

Zubereitungszeit: 25 Minuten, ohne Abkühlzeit
Durchziehzeit: 2–4 Tage
Haltbarkeit: gekühlt etwa 1 Woche

Zutaten:

80 g	Farinzucker (brauner Zucker)
100 ml	Wasser
350 g	Nektarinen
250 g	kernlose kleine weiße Weintrauben
2	Limetten
150 g	Galia-Melonen-Fruchtfleisch
300 ml	Orangenlikör (40 Vol.-%)

1. Farinzucker mit Wasser zum Kochen bringen und 1 Minute kochen. Zuckerlösung erkalten lassen.
2. Nektarinen waschen, abtrocknen, halbieren und entsteinen. Nektarinen in dünne Spalten oder kleine Stücke schneiden. Weintrauben waschen und abtrocknen.
3. Limetten halbieren und auspressen. Mit einem Kugelausstecher Melonenfruchtfleisch in Kugeln ausstechen oder in kleine Stücke schneiden.
4. Fruchtstücke in ein gründlich gereinigtes, gespültes, getrocknetes verschließbares Glas (1 l Inhalt) geben. Zuckerlösung mit Orangenlikör verrühren und über die Früchte geben, einmal gut durchrühren. Die Früchte müssen vollständig mit Flüssigkeit bedeckt sein. Das Glas fest verschließen und kalt stellen. Die Früchte 2–4 Tage durchziehen lassen.
5. Die beschwipsten Früchte mit Sekt oder Weißwein aufgießen und servieren.

Mohnlikör

etwa 1,4 l

Zubereitungszeit: 30 Minuten, ohne Abkühlzeit
Haltbarkeit: gut gekühlt etwa 2 Wochen

Zutaten:

250 g	Mohnback (backfertige Mohnfüllung)
250 ml ($^1/_4$ l)	Schlagsahne
4	Eigelb (Größe M)
150 g	gesiebter Puderzucker
700 ml	Doppelkorn (38 Vol.-%)

1. Mohnback mit Sahne in einem Topf unter Rühren einmal kurz aufkochen und anschließend abkühlen lassen.
2. Eigelb und Puderzucker mit Handrührgerät mit Rührbesen schaumig aufschlagen. Mohnsahne und Doppelkorn nach und nach unter Rühren hinzugießen, so dass ein cremiger Likör entsteht.
3. Mohnlikör in zwei gründlich gereinigte, gespülte Flaschen füllen und mit je einem Flaschenverschluss fest verschließen und kalt stellen. Likör vor dem Servieren einmal kräftig durchschütteln.

Tipp: Verarbeiten Sie das übrig gebliebene Eiweiß zu Kokosmakronen. Außer dem Eiweiß (von den 4 Eiern) brauchen Sie: 200 g geröstete Kokosraspel, 200 g feinkörnigen Zucker und 2 Tropfen Bittermandel-Aroma. Schlagen Sie das Eiweiß so steif, dass ein Messerschnitt sichtbar bleibt. Schlagen Sie nach und nach Zucker und Aroma kurz unter. Heben Sie vorsichtig die Kokosraspel unter. Setzen Sie die Masse in größeren Abständen mit 2 Teelöffeln in Häufchen auf Backbleche (mit Backpapier belegt). Schieben Sie die Backbleche nacheinander (bei Heißluft zusammen) in den Backofen und backen Sie die Kokosmakronen bei folgender Backofeneinstellung:

Ober-/Unterhitze: etwa 180 °C (vorgeheizt)
Heißluft: etwa 160 °C (vorgeheizt)
Gas: Stufe 2–3 (vorgeheizt)
Backzeit: 10–12 Minuten je Backblech.

hausgemacht
hausgemacht
hausgemacht

Ananas in weißem Rum

1 Glas zu 1–1,25 l – im Foto vorn

Zubereitungszeit: 30 Minuten
Durchziehzeit: 1 Woche
Haltbarkeit: etwa 4 Wochen

Zutaten:

2	Ananas (je etwa 900 g)
300 g	weißer Kandis
1–2	Vanilleschoten
1	Zitrone (unbehandelt)
0,7 l	weißer Rum (38 Vol.-%)

1. Von den Ananasfrüchten Schopf mit Stielansatz und dem obersten Stück Schale abschneiden. Den inneren Strunk mit einem Ausstecher herausstechen oder die Ananas der Länge nach vierteln und den inneren Strunk herausschneiden. Ananas schälen und das Fruchtfleisch in 1 cm dicke Scheiben schneiden.
2. Die Ananasscheiben mit dem Kandis in ein gründlich gereinigtes, gespültes Glas (1–1,25 l Inhalt) geben. Vanilleschoten in Stücke schneiden und hinzufügen.
3. Zitrone so schälen, dass die weiße Haut mit entfernt wird. Zitrone in Scheiben schneiden und mit dem Rum in das Glas geben. Das Glas verschließen und kalt gestellt etwa 1 Woche durchziehen lassen.

Pflaumen und Walnüsse in Armagnac

1 Glas zu 1,25 l – im Foto hinten

Zubereitungszeit: 15 Minuten
Durchziehzeit: 2 Wochen
Haltbarkeit: etwa 3 Monate

Zutaten:

250 g	Backpflaumen
100 g	Walnusskerne
100 g	brauner Kandis
6	Wacholderbeeren
1–2	Zimtstangen
0,7 l	Armagnac (40 Vol.-%) oder Cognac

1. Backpflaumen mit Walnusskernen, Kandis, Wacholderbeeren und Zimtstange in ein gründlich gereinigtes, gespültes Glas geben und mit Armagnac auffüllen.
2. Das Glas verschließen und 2 Wochen bei Zimmertemperatur durchziehen lassen lassen.

Tipp: Pflaumen und Walnüsse in Armagnac schmecken gut zu Pudding und Lebkuchen-Soufflé.

Kaffeelikör

etwa 1 l – Foto

Zubereitungszeit: 25 Minuten, ohne Abkühlzeit
Haltbarkeit: gekühlt 6 Wochen

Zutaten:

250 ml (1/4 l)	Wasser
375 g	Zucker
375 ml (3/8 l)	sehr starker Kaffee
1 Pck.	Dr. Oetker Vanillin-Zucker
250 ml (1/4 l)	Weingeist/Ethanol (hochprozentiger Alkohol aus der Apotheke, 90Vol.-%)

1. Wasser mit Zucker zum Kochen bringen und sirupartig einkochen lassen. Zuckerlösung mit Kaffee und Vanillin-Zucker verrühren und erkalten lassen. Anschließend Weingeist unterrühren.
2. Den Kaffeelikör in eine gründlich gereinigte, gespülte Flasche füllen und verschließen. Kaffeelikör sofort genießen oder kalt gestellt aufbewahren.

Zimtlikör

etwa 1 l

Zubereitungszeit: 20 Minuten
Durchziehzeit: etwa 4 Wochen
Haltbarkeit: gekühlt etwa 3 Monate

Zutaten:

6–8	Zimtstangen
	Saft einer 1/2 Orange
125 g	brauner Zucker oder Kandis
0,7 l	Weinbrand (40 Vol.-%)

1. Die Zimtstangen zusammen mit dem Orangensaft und dem braunen Zucker oder Kandis in eine gründlich gereinigte, gespülte und getrocknete Flasche geben. Weinbrand hinzugießen. Die Flasche verschließen, vorsichtig durchschütteln und den Likör etwa 4 Wochen ziehen lassen.
2. Den Zimtlikör durch ein mit einem Geschirrtuch ausgelegtem Sieb filtern und den Likör wieder in eine gründlich gereinigte, gespülte Flasche füllen. Flasche verschließen und kalt stellen.

Tipp: Einige Zimtstangen mit Schleifenband an den Flaschenhals binden.

Sangria-Likör

etwa 1 l

Zubereitungszeit: 40 Minuten
Durchziehzeit: 1 Woche
Haltbarkeit: gekühlt etwa 3 Wochen

Zutaten:

5	Orangen
1	Zitrone
2	Pfirsiche
250 ml (1/4 l)	Weinbrand (40 Vol.-%)
120 g	Zucker
3	Nelken
1	Zimtstange

1. 3 Orangen so schälen, dass die weiße Haut mit entfernt wird. Orangen halbieren und in etwa 1 cm breite Scheiben schneiden. Orangenscheiben in ein gründlich gereinigtes, gespültes Glas (1 l) legen.
2. Die anderen 2 Orangen und die Zitrone auspressen. Pfirsiche waschen, abtrocknen, halbieren und entsteinen. Pfirsichhälften in schmale Spalten schneiden und mit ins Glas legen.
3. Orangen- und Zitronensaft mit Weinbrand und Zucker verrühren, bis sich der Zucker aufgelöst hat. Dann Nelken und Zimtstange hinzufügen, über die Früchte im Glas gießen und einmal gut durchrühren.
4. Das Glas mit einem Deckel fest verschließen und kalt gestellt 1 Woche durchziehen lassen.

Tipp: Sie können den Sangria-Likör pur genießen oder mit einem leichten trockenen Rotwein aufgegossen servieren.

Alphabetisches Register

Themenregister

Liköre

Eingelegte Früchte

Schnelle Liköre

Umwelthinweis Dieses Buch und der Einband wurden auf chlorfrei gebleichtem Papier gedruckt. Die Einschrumpffolie – zum Schutz vor Verschmutzung – ist aus umweltfreundlichem und recyclingfähigem PE-Material.

Wenn Sie Anregungen, Vorschläge oder Fragen zu unseren Büchern haben, rufen Sie uns unter folgender Nummer an 0521 155-25 80 oder 52 06 45 oder schreiben Sie uns: Dr. Oetker Verlag KG, Am Bach 11, 33602 Bielefeld oder besuchen Sie uns im Internet unter www.oetker.de.

Redaktion Andrea Gloß

Titelfoto Thomas Diercks, Hamburg

Innenfotos Kramp & Gölling, Hamburg (S. 13, 39)
Bernd Lippert, Bielefeld (S. 23, 35, 43)
Christiane Priess, Borgholzhausen (S. 9, 27, 53, 57)
Axel Struwe, Bielefeld (S. 4, 7, 11, 15–21, 25, 29, 33, 37, 41, 45, 49, 51, 55, 61)
Norbert Toelle, Bielefeld (S. 47)
Brigitte Wegner, Bielefeld (S. 31)

Rezeptentwicklung und -beratung Hans-Peter Huke, Bielefeld
Mechthild Plogmaker, Dr. Oetker Versuchsküche

Foodstyling Hans-Peter Huke, Bielefeld
Requisite Wolfgang Mentzel, Paderborn

Grafisches Konzept kontur:design, Bielefeld
Gestaltung kontur:design, Bielefeld
Titelgestaltung kontur:design, Bielefeld

Reproduktionen Kruse Reproduktionen GmbH, Vreden
Satz JUNFERMANN Druck & Service, Paderborn
Druck und Bindung MOHN Media • Mohndruck GmbH, Gütersloh

ISBN 3–7670–0901–3